Dario Fo

Lezione sul *Cenacolo* di Leonardo da Vinci

Published by arrangement with Atlantyca S.p.A., Italy

Special school edition for school's libraries only

Original Title: Lezione sul Cenacolo di Leonardo da Vinci
Text by Dario Fo
Illustrations by Dario Fo
Edited by Franca Rame with the collaborations of Silvia Varale.

浙 江 省 版 权 局
著作权合同登记章
图字：11-2015-105号

达里奥·福聊绘画大师

达·芬奇

[意] 达里奥·福 著
周宇航 译

浙江摄影出版社
全国百佳图书出版单位

责任编辑：程　禾
责任校对：高余朵
装帧设计：杨　喆
责任印制：朱圣学

图书在版编目（CIP）数据

达·芬奇 / (意) 达里奥·福著；周宇航译. -- 杭州：浙江摄影出版社, 2019.1（2020.9重印）
（达里奥·福聊绘画大师）
ISBN 978-7-5514-1982-6

Ⅰ.①达… Ⅱ.①达… ②周… Ⅲ.①达·芬奇(Leonardo, da Vinci 1452-1519)－生平事迹 Ⅳ.①K835.465.72

中国版本图书馆CIP数据核字(2017)第250679号

DALIAO FU LIAO HUIHUA DASHI
达里奥·福聊绘画大师
DA FENQI
达·芬奇

[意] 达里奥·福　著
周宇航　译

全国百佳图书出版单位
浙江摄影出版社出版发行
　　地址：杭州体育场路347号
　　邮编：310006
　　电话：0571-85151082
　　网址：www.photo.zjcb.com
制版：浙江新华图文制作有限公司
印刷：三河市兴国印务有限公司
开本：710mm × 1000mm　1/16
印张：8
2019年1月第1版　2020年9月第2次印刷
ISBN：978-7-5514-1982-6
定 价：49.80元

目　录

图 1　都灵，皇家图书馆

达·芬奇，《自画像》

图2 《女神》，达·芬奇学生习作，由达里奥·福修复

图3 米兰布雷拉美术馆的庭院，达·芬奇授课的地方

图 2

前　言

“你看人类的创生是多么大的一个奇迹，而人类的毁灭又带来多么大的震撼。”

列奥纳多·达·芬奇

这次我们要聊的是列奥纳多·达·芬奇的《最后的晚餐》。我们会谈到达·芬奇如何构思和创作这幅画，这幅画在完成之后不久如何遭到破坏，以及破坏后无数次的修复尝试。最近一次修复工作是由十分出色的比宁·布兰比拉教授主持完成的，我们希望这是最后一次修复。

不过在给大家介绍这幅画的场景布置、色彩、光影以及神奇的魅力之前，我觉得我们有必要先从这位伟大的艺术家的出生说起。

图 3

图 4

图 5

图 6

图 4　米兰感恩圣母堂中的达 · 芬奇画作《最后的晚餐》

图 5、图 6　《最后的晚餐》局部细节（修复后）

图7　达·芬奇，《荣誉寓意》

图 7

达·芬奇的出生、家庭和教育

列奥纳多·达·芬奇于 1452 年出生在芬奇，一个离佛罗伦萨很近的小镇。正是在那几年，古腾堡在德国发明了活字印刷术并以此来印刷《圣经》。几年后，《旧约》和《新约》在意大利由拉丁语翻译成俗语，并印刷出版，继而在威尼托地区、托斯卡纳地区和坎帕尼亚地区流行开来。（图 8）

但是经文的印刷和传播都是在地下秘密进行的，因为在那时教会仍不允许它们的传播，甚至迫害和惩罚那些俗语版《圣

图 8

经》的印刷者和传播者，教会规定只有教士和学者才可以诠释和传达上帝的语言，也就是众所周知的拉丁语和希腊语，以及不时被提起的阿拉米语。

简而言之，教会不允许大众信徒拥有自己的想法并用自己的方式解读《旧约》和《新约》。从那时起，教会便开始了审

图 9

图 10

讯、迫害信徒，烧毁译本等行为。宗教审判也由此开始，有些人甚至被处以火刑。无独有偶，1452 年也是季罗拉莫·萨沃纳罗拉出生的年份。萨沃纳罗拉是一名多明我会修道士，参与了佛罗伦萨共和国的复国，反对人们穿着颜色鲜艳的衣服，反对当时的教皇亚历山大六世的“宽松”政策。结果可想而知，萨沃纳罗拉被开除教籍，并被处以火刑。（图 10）

达·芬奇出生时，他的父亲是一名年轻的、刚刚大学毕业的公证员，他的母亲是一名托斯卡纳用人，当时还未满十四岁。他的父亲皮耶罗承认达·芬奇是他的儿子，但是并未给达·芬奇长子身份：简而言之，达·芬奇是一个私生子。

图 11　温莎，英国皇家藏品

达·芬奇，《人体性交图》（约 1492—1494），27.6 厘米 ×20.4 厘米

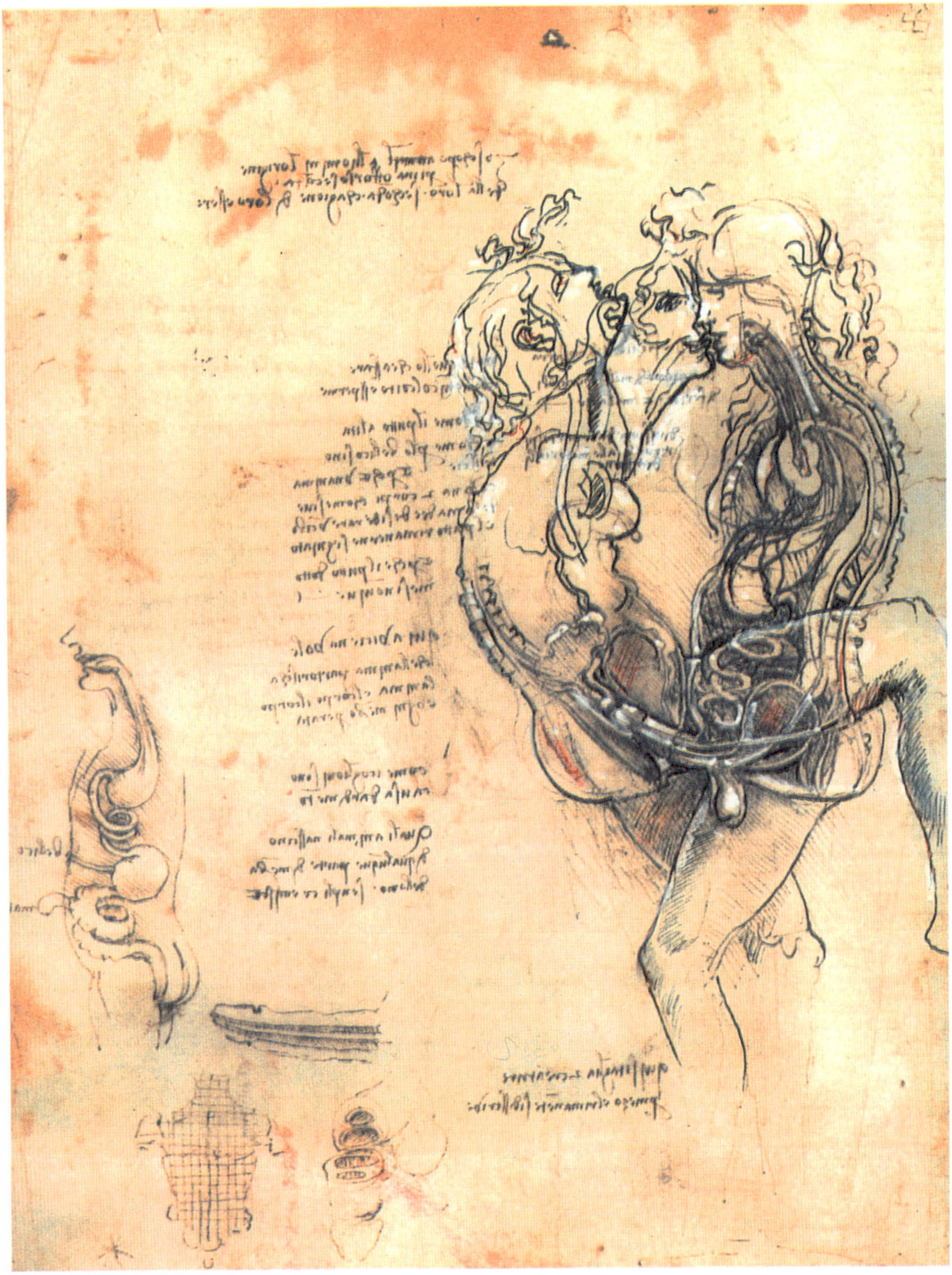

图 11

图 12

有一个现象很有趣，在那个时代，全世界有很多私生子后来都被认为是绝顶天才。比如说意大利历史上最杰出的戏剧家鲁赞特，他的父亲是米兰的一名医生，后来成为一名教师，最后还当上了帕多瓦大学的校长，而他的母亲则是一名来自帕多瓦农村的女佣。鲁赞特精通文学，但是他自始至终未能进入帕多瓦大学读书。（图 12）

同样的事情也发生在达·芬奇的身上。达·芬奇甚至无法进入他父亲的公证处工作，因为在 16 世纪私生子是不能进入

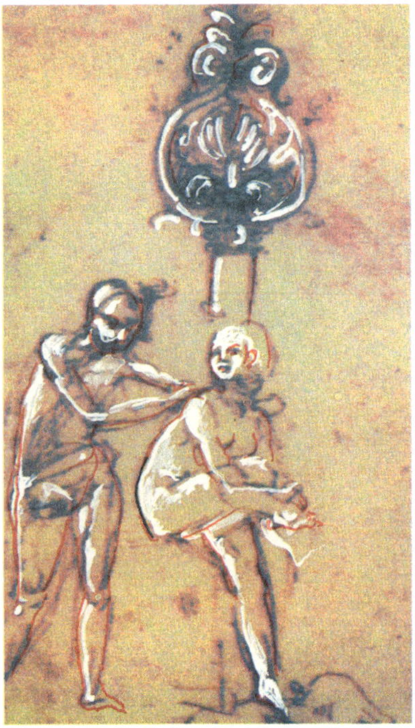

图 13

图 14

大学读书的。达·芬奇也多次抱怨他不能去大学学习文学，特别是没法学习拉丁语，直到达·芬奇四十岁的时候，他才开始在米兰自学这种“古罗马人”的语言，学习文学家们的语法，甚至还自编了一本古词词典。

达·芬奇的父亲结过四次婚，因此他有很多继承人。（图 13、图 14）继承人中有八名是男性，他们都成了达·芬奇父亲公证处的合伙人。我们之前说过，达·芬奇从没能进入他父亲的公证处工作，正是这个原因使达·芬奇备受刺激，但这却是我们的幸运：因为继承权的问题，历史上少了皮耶罗的第九个儿子，但是我们却得到了意大利历史上最伟大的天才。

图 15

达·芬奇的父亲禁止达·芬奇进入自己的大宅，只是安排他在旁边的一个小房子里长大，似乎因自己年轻时造下这个孽而感到难堪。遭此歧视，达·芬奇永远不会原谅他的父亲。因此，年轻的达·芬奇将其全部情感都投到他的母亲身上，他经常会用十分温柔的话来形容他的母亲；他甚至还写了一篇文章，专门描述和评论孩子在母亲腹中生长的感觉。而他对自己的父亲则没有任何温柔的或者敬重的话，在这一点上，鲁赞特与达·芬奇恰恰相反。鲁赞特极力表达自己对父亲的“爱”，这种表达是发自肺腑的。（图 15）

图 16

图 16　皮耶罗·达·芬奇和众多孩子的母亲

图 17　温莎，英国皇家藏品

达·芬奇，《子宫内的胎儿》，30.5 厘米 ×22 厘米

如果你看不懂下面这段话，不用担心，因为这是古代语言，其中夹杂着伦巴第、加泰罗尼亚和那不勒斯的方言，这只是为了给本书增添一点趣味。

> "Desièr de trasformamént", cioè "Desiderio di metamorfosi"
> "Oh vodrèssi entro mea mare stare descargolò in sa panza,
> e pì arétro ancò vodrèssi vès dissolgiùo in mé pare,
> in seme so', e con quèl, pì' retro ancor,
> entrouvàrme infricó in di soi cojómbari …
> così che de continuo a podré exfrigàrgheli quando io vo'!".

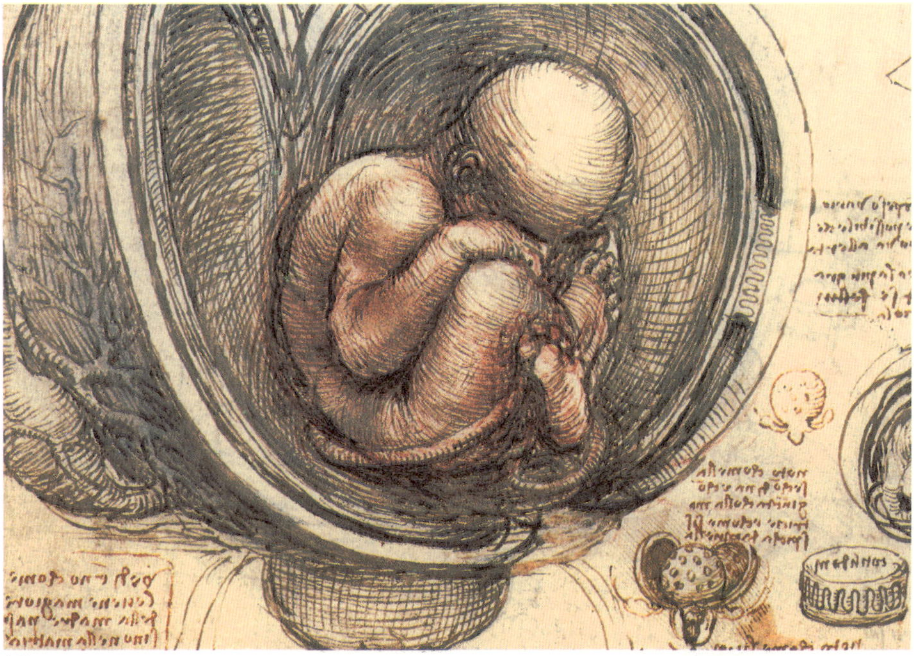

图 17

图 18　画室中的哲学课

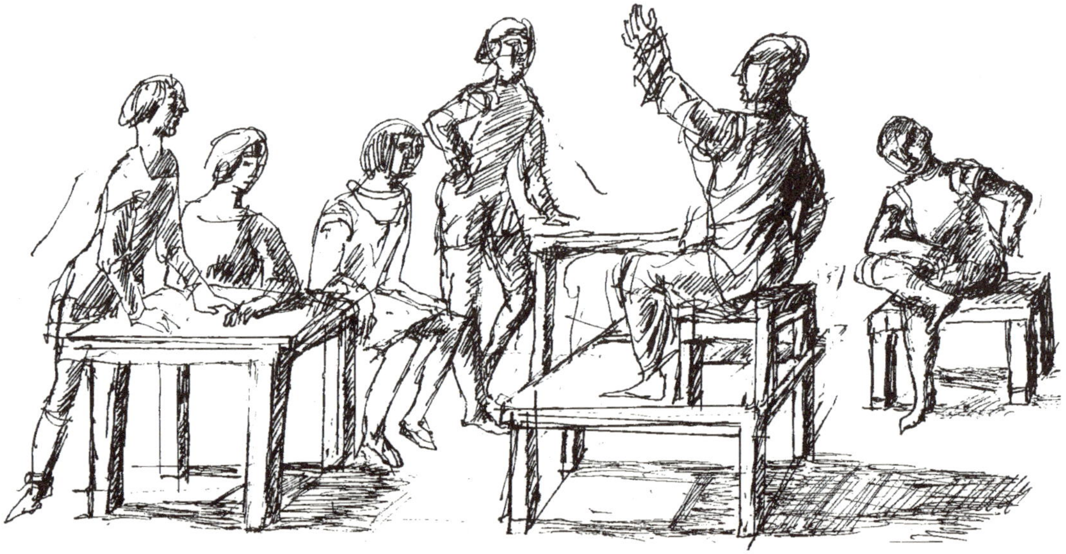

图 18

图 19

图 20

将这段话翻译出来就是："哦，我想回到我母亲的肚子里并依偎在那里，我想再退一步回到父亲的精子中，我甚至还想再退一步，回到父亲的睾丸里，这样我就能如我所愿打碎我父亲的睾丸！"

这就是"父子之爱"啊！

也许正是由于不能上大学（当时大学被称为"studio"），达·芬奇通过在实践中学习而获得了系统性的知识。在每一次

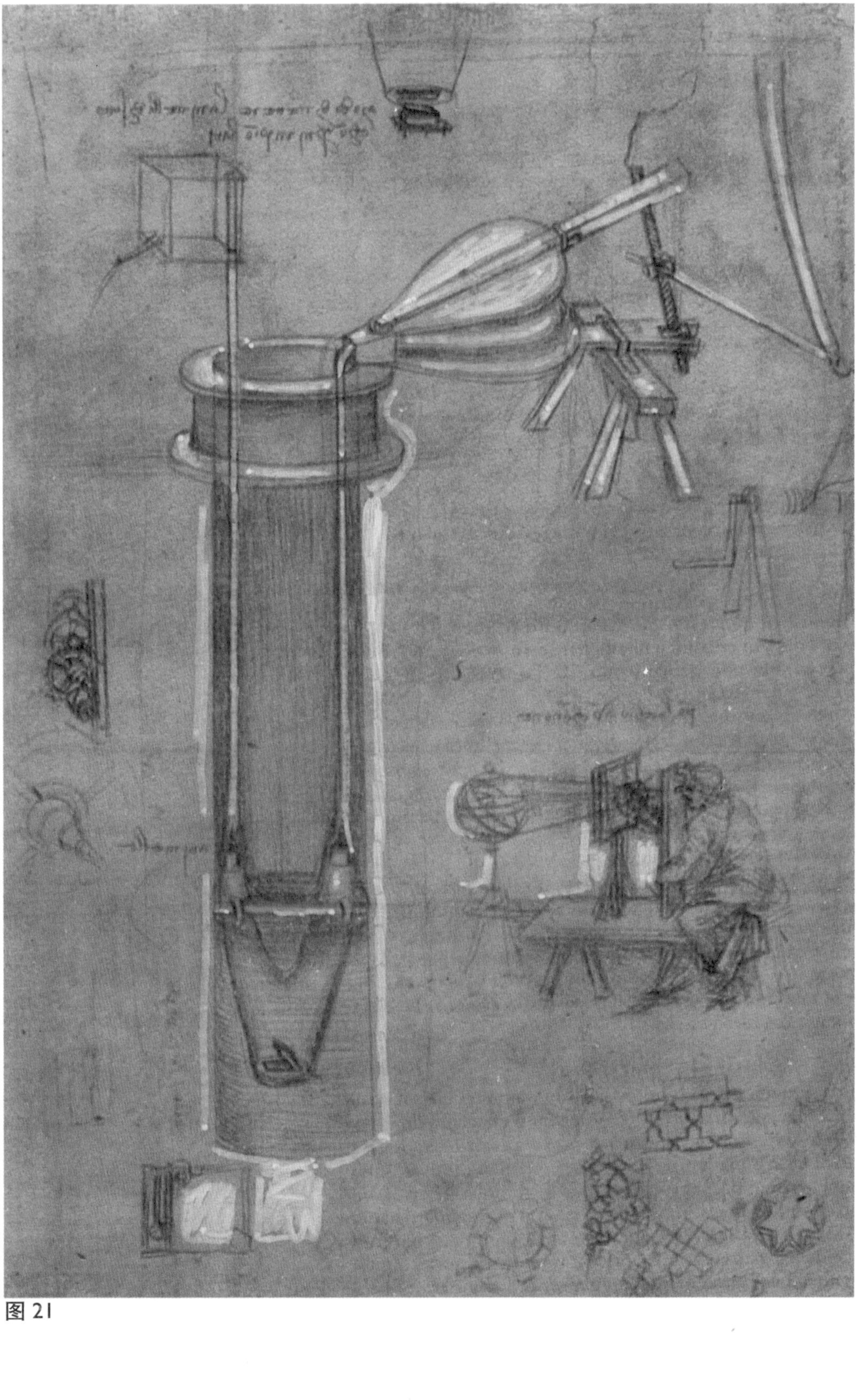

图 21

图 21　米兰，安布罗西亚纳图书馆

达·芬奇，《打水工具》，收录于《大西洋古抄本》，27.6 厘米 ×21.6 厘米

图 22　圆规

图 23　气泵

图 22

图 23

的实践中，达·芬奇都认真观察，仔细检验，几乎达到了痴迷的程度。

达·芬奇经常说：“我是一个粗俗的文盲！”达·芬奇这样一说，所有的文化人每时每刻都得掂量掂量自己的学识有几斤几两。达·芬奇从小和他的母亲生活在一间小房子里，小房子离他父亲住的大宅不远。直到他的父亲担任大区公证员，搬到佛罗伦萨市政府的宅邸中时，达·芬奇才有机会和父亲在一起生活一段时间。

MACCHINE DA COSTRUZIONE E DA TEATRO

图 24

MECCANICA
CARTOGRAFIA
ACQUE
CHIUSE
SCENOTECNICA
DIGHE
CANALI

图 25

父亲皮耶罗知道达·芬奇拥有出色的绘画天赋，便介绍他到韦罗基奥的工作室做学徒，达·芬奇的学徒同学中还有波提切利、佩鲁吉诺、洛伦佐·迪·克雷蒂。（图 19）

韦罗基奥的画室被称为“知识大学”：事实上，这所大学与今天的高等院校不同，在那里学习的是希腊哲学和辩证法。他们从柏拉图学派和新柏拉图学派开始学起，相关的希腊哲学作品也是在那个时代被翻译出来的。

在画室中，学徒们除了绘画以外，还会对石头，尤其是大理石进行雕刻，还会利用黏土塑形，对木头、金属、蜡、石膏进行雕刻，铸造铜像。（图 20）他们还学习并使用透视法，为舞台表演设计并制造机械，并且利用反光镜制造射灯。他们还使用预先设计好的图纸（平面图和立面图）来建造大楼、教堂和复杂的纪念性建筑。（图 24）

此外，他们还会学习壁画、雕刻、陶瓷、冶金；机械学和机械制造是这个大学最重要的科目，同样重要的还有制图学，即对土地、海岸、山川河流、城市地形等地理特征的研究。

“知识大学”还重视对水的研究，包括设计管道系统、修建河流渠道、安装抽水机、布置水闸、制造用齿轮连接水磨的水车。（图 25）

图 26　达 · 芬奇，《战场》

图 26

文艺复兴：既是艺术的年代也是战争的年代

在人文主义和辩证法的年代，所有类型的艺术都在发展，战争也不例外。这是一个征伐抢掠的年代，欧洲和中东的所有国家都是如此。

意大利被称为文艺复兴的“摇篮”，但是也被称为“亡灵之土”，因为整个意大利境内遍布尸体。（图 27）意大利成

图 27

了一个巨大的战场，法国军队、西班牙军队、德国军队，以及得到瑞士些许支持的奥地利军队都在此竞相角逐，而他们又分别得到了伦巴第军队、威尼斯军队、托斯卡纳军队以及由教宗克莱门特七世（朱利奥·德·美第奇）亲自统帅的梵蒂冈军队的支持。因此，当时市场上需求最大的商品便是武器、防御设施和攻城设备，其中最主要的设备有围攻城市或城堡时所使用的移动式攻城塔楼、臼炮和火炮。

有一件事在今天看来我们都会觉得荒谬：在文艺复兴鼎盛时期，公爵、国王、教宗、战争发起者等位高权重的人都会去找艺术家帮忙，因为艺术家们可以设计、制造效率更高的工具，这些工具“面对敌人时具有极大的杀伤力”。

图 28

图 29　画室里的年轻人在一幅壁画前

图 29

图 31 龙，用于舞台布景的机器

在那个王国众多的年代，杰出的艺术大师们掌握着最高级的设计、制造知识，包括制作炮管、长炮、弩炮、巨弩、火焰弹以及其他各种魔鬼般的杀人工具。

达·芬奇的老师韦罗基奥是一名建筑师、雕刻家、工程师，而他也是当时最著名的武器制造大师。（图 28）

如今我们很难想象，在老师的画室里，达·芬奇如何从画舞蹈少女的画家转变为设计、制造炮管和长炮的武器设计师。

图 30

图 31

正如莎士比亚所说："这个疯狂的世界就是这个样子的，你不要问我为什么。"在佛罗伦萨工作的七年中，达·芬奇还认识并结交了波拉尤洛、米开朗基罗和阿尔伯蒂：这些人组合在一起是一支什么样的队伍！（图 30）

到了三十岁的时候，达·芬奇已是小有名气，但还不是非常出名，因为佛罗伦萨的竞争实在是太激烈了！

图 32

图 33

当时的佛罗伦萨有很多年轻而才华横溢的艺术家，洛伦佐·德·美第奇及其他贵族庇护并供养这些艺术家。事实上，每位领主门下都“养”着很多天才，有时候他们会被送给意大利的其他领主，或者欧洲的其他豪门贵族。（图 33）

在整个文艺复兴时期，国王、公爵都会招募各式大师，包括画家、建筑师、工程师、喜剧演员，还有以舞蹈为基础的滑稽戏或悲喜剧的组织者、烟火表演和机械表演的组织者，如果门下的大师水平一般，那这些国王、公爵就会感觉很丢脸。

图 34

因此，我们会看到达·芬奇在布置魔术表演舞台方面无与伦比的能力。（图 34）在卢多维科·斯福尔扎公爵的城堡中举行的一次表演中，那头著名的“机器狮子”吓坏了全场观众。为了让这头狮子动起来，达·芬奇利用以多个发条为基础的复杂的机械结构，为这头狮子设计了二十多个不同的动作。

图 35

图 36 《三博士朝圣》的负片效果

图 36

图 37

通过达·芬奇那张滑稽的设计图，我们会发现达·芬奇拥有丰富的幽默感，这一点也可以从他的剧场设计图中看出来。（图 35）只要看过达·芬奇年轻时为了完成尺寸较大的画而绘制的多幅怪诞的草稿，我们就能发现其中的讽刺意味，即使以宗教为主题的画也是如此。

在《三博士朝圣》（图 36、图 37）这幅画的草稿中，我们发现了一个极易被忽视的细节：在天空中有多个天使在吹奏着

图 38

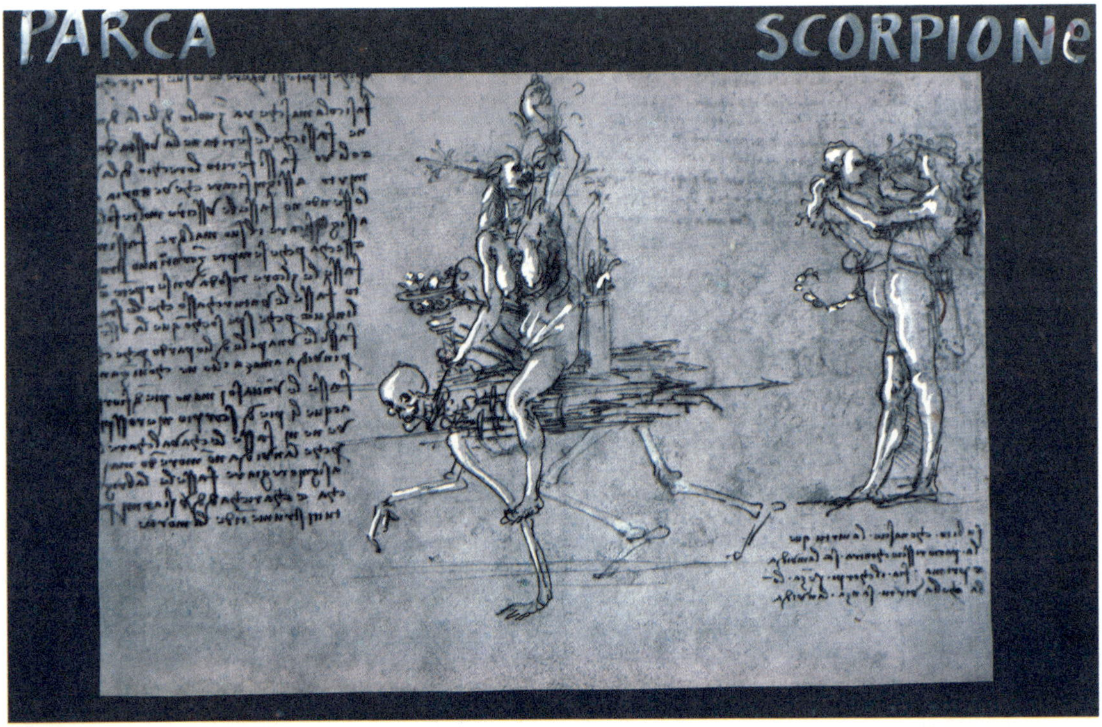

图 39

长号，以此来告知牧羊人救世主诞生的消息。而在画面左侧深处，一个爱恶作剧的天使将长号对准了另一个天使的耳朵，鼓足了力气去吹长号，而另一个天使则被吓得身子倾斜。（图 38）

在另一系列风格怪诞的讽喻画中，有这么一幅画：命运三女神中的一位兴高采烈地骑着一具骷髅，这名可怕的女性戴着藤蔓和花朵，兴奋地放声高歌，丑陋的双乳裸露在外。在她附近，一个年轻女孩和一个男子正激情四射地抱在一起：从女孩的臀部伸出了一只巨大的蝎子尾巴，同时男子正在温柔地挖出女孩的一只眼睛，他们这么做只是为了好玩！（图 39）

图 40

我们还可以再看一幅有趣的讽喻画，这幅画是令人费解的，如果你们谁一下子就发现了其中的含义，那我就给你颁发一个特别奖。（图 40）

画中有一名胸部丰满、面容姣好的女子，但是我们可以看到，在她的脖子上还有一个头，一个老人的头，在镜子中反射出了老人的脸部轮廓。女子手中紧抓着自己刚刚杀死的鸡，而

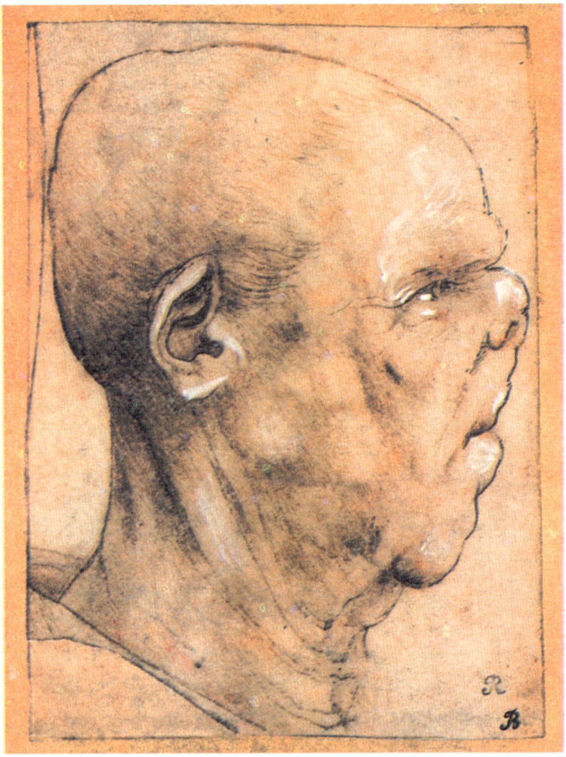

图 41

图 42

另一只手则在空中抓着一条蛇。有一只狗正在试图抢走死鸡，而另一只狗则抓住了地上的一条蛇。一只鹰从高处俯冲下来，而魔鬼则在一旁讥笑，评论着当前的局面。

下面是对这幅画的一种解释：

这幅画隐喻的是当时欧洲各国争夺“鸡肉”——伦巴第地区的战争过程。蛇是米兰的标志（维斯康蒂家族和斯福尔扎家族），狗象征着与法国有联系的各位公爵，老鹰象征着奥地利

图 43

图 44

图 45

图 46

和西班牙，长着两张脸的女人象征着态度摇摆的教会，而魔鬼则代表了邪恶和背叛取得了胜利，在一旁哂笑。

我们再来看看《三博士朝圣》这幅画的草稿，画中位于前景的圣母和耶稣正在接受跪拜在他们脚旁的东方三博士送来的礼物。我们再看画面的背景，可以看到一队骑兵手持长矛和利剑在人群中杀戮，女人们因恐惧而四散奔逃、高声呼喊，而其他绝望的人在骑兵的追击下踉跄地爬上台阶，沿着画面的对角线跑入该场景的第二层楼上。（图 43、图 44）

这里隐含的讽刺意味很明显：上帝之子诞生，天使在空中飞翔并宣告：“善良之人永得安宁。”但是与此同时，善良的人们正在被屠杀，有人正在攻击手无寸铁之人，正在对女人和孩子犯下暴行。（图 46）

图 47

1482: LEONARDO DA LUDOVICO IL MORO
LUDOVICO IL MORO
LIRA
LA LIRA

图 48

INSUCCESSO ROMANO
COLPA DEL MAGNIFICO

图 49

图 48　达·芬奇在米兰
图 49　达·芬奇在罗马获得成功
图 50　建筑草图

达·芬奇在米兰

年满三十岁的时候，达·芬奇获得了一次十分难得的机会，这次机会改变了他的一生。

1482 年，达·芬奇受洛伦佐·德·美第奇之托前往米兰，将自己制造的一件精致的乐器送给卢多维科·斯福尔扎公爵，这件乐器是一把马头形状的七弦琴。（图 48）

图 50

图 51　对马的研究

图 52　皮带轮的机器

从达·芬奇的手稿中我们可以发现，在去米兰之前的几个月，达·芬奇还去了一次罗马，但是他并未在罗马获得成功，简而言之，根本没人关注他。罗马的这段经历让达·芬奇感到屈辱、失落，达芬·奇对他的保护者洛伦佐·德·美第奇感到很生气，他这样写道："……伟大的洛伦佐可以成就你，也可以用更快的速度毁掉你。"达·芬奇的这句话正好可以和但丁的那句悲叹凑成一对，"走在异国他乡的台阶上，感觉就像吃了一嘴盐"。

图 51

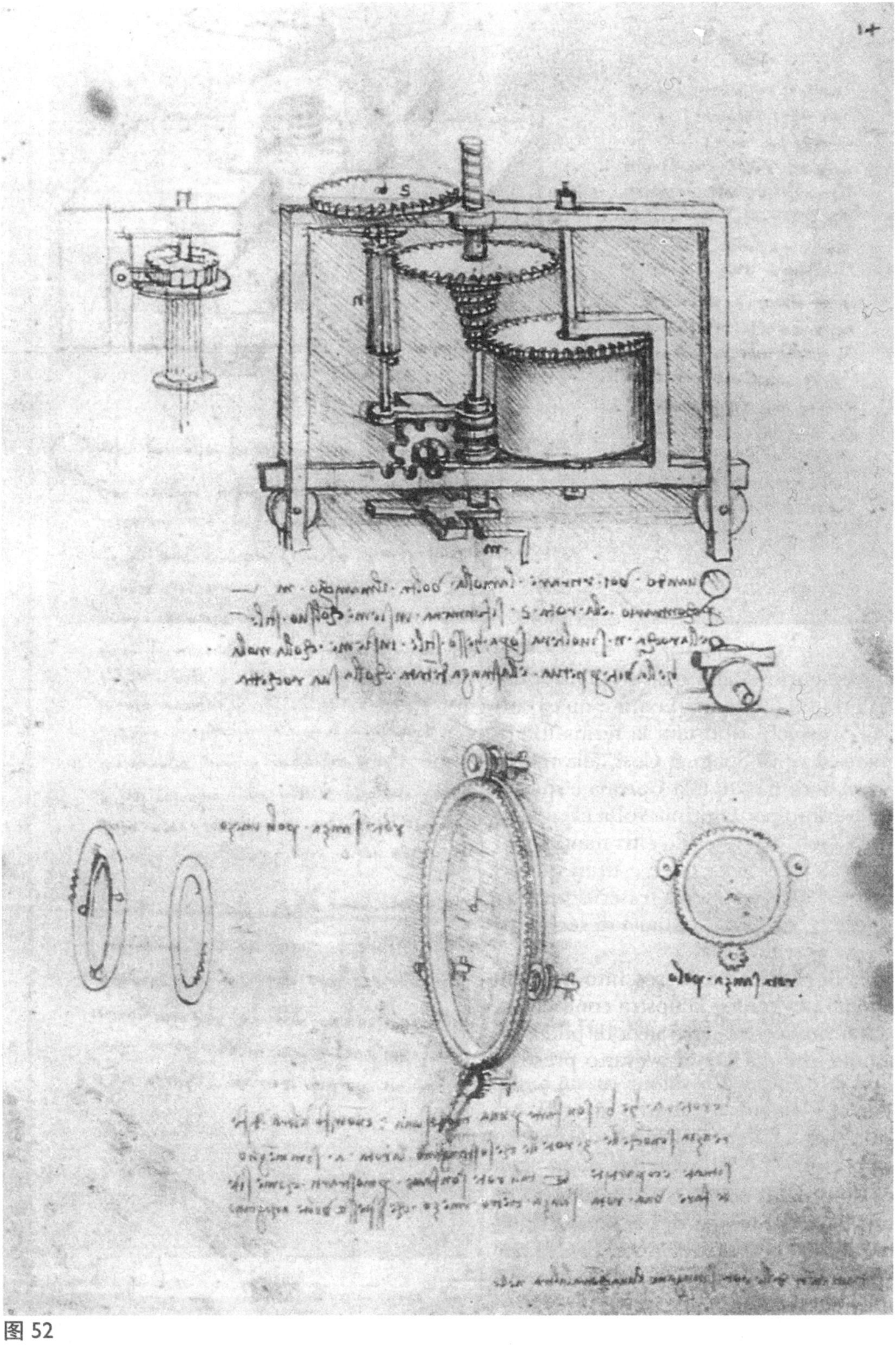

图 52

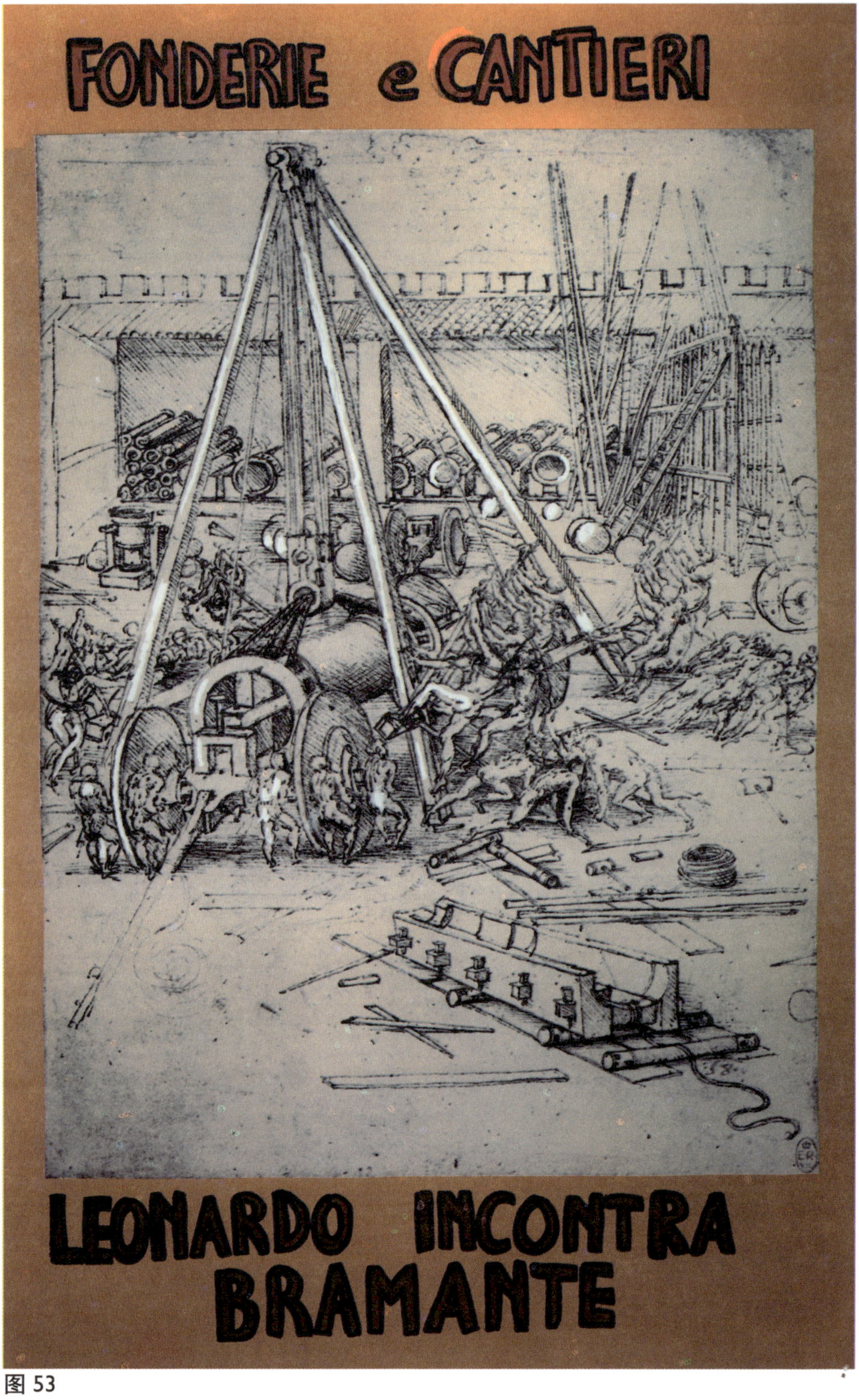

图 53

图 53　达·芬奇认识布拉曼特
图 54　温莎，英国皇家藏品
达芬奇，《躯干和腿部的肌肉》，28.6 厘米 ×27 厘米，局部

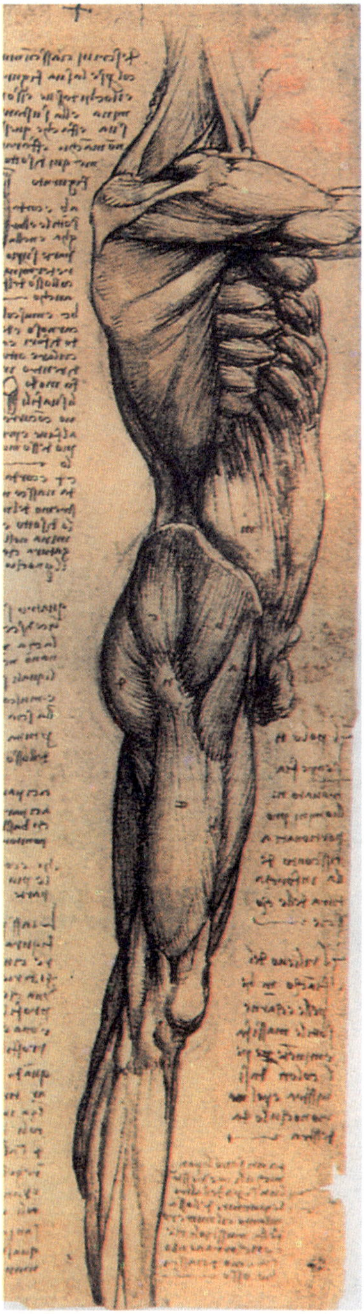
图 54

很明显，当达·芬奇希望能在罗马城中有权势的人中寻找机遇时，伟大的洛伦佐并未给予他帮助。还要补充一点，达·芬奇这个人并不擅长阿谀奉承，而当时想要在天主教教廷中获得成功，谄媚是必不可少的技能，而这也正是教廷土崩瓦解的原因。

刚到米兰时，达·芬奇对斯福尔扎家族宫廷的印象谈不上有多么好，尽管如此，当他在伦巴第大区的首府登陆时（达·芬奇是乘船沿着运河来到米兰的），他还是感到十分震撼，非常激动，就像《巨人传》中的高康大登陆月球时的感觉。

在运河上，达·芬奇看到了很多工厂、水车磨坊、铸造厂（他也曾设计过）、各类工匠，还看到很多工地，一座座宫殿、教堂在其上拔地而起。城市中一条条运河四通八达，上有桥梁、水坝、船坞。米兰城当时的人口超过十万，运河长度超过六十公里，仿佛是巨型的威尼斯城。当时的米兰城水系发达，因此莎士比亚在他的一部著名悲剧《暴风雨》中，将米兰设定为滨海城市。一到米兰，达·芬奇马上就意识到这正是他所喜欢的城市。

图 55

图 56

图 55　达 · 芬奇为斯福尔扎制作骑马雕像

图 56　达 · 芬奇在米兰创作的画像

达 · 芬奇在米兰遇到了几位医生，达 · 芬奇和他们一起重新开始对人体进行研究。后来在斯福尔扎的宫廷里，达 · 芬奇认识了很多著名的建筑师，其中包括布拉曼特和索拉里。他还见到了很多数学家、物理学家、哲学家、音乐家以及很多机械大师和制图大师。当达 · 芬奇与这些人来往的时候，他不是以一名大师的身份，而是以学生的身份。

“上帝之所以赐我此生的时间，是因为每天我都会发现我对万物是多么无知，而我需要很多时间来学习知识。”

在这里我们把故事的时间往后跳一些，来聊聊《最后的晚餐》这幅作品及其创作过程。我们把时间推移到达 · 芬奇到达米兰的十年之后。在这十年中，达 · 芬奇接手了很多重要的工作：为卢多维科的父亲弗朗切斯科 · 斯福尔扎制作骑马雕像（图 55），创作了很多珍品画作，设计了很多奇幻的舞台布景，创造了大量机械设备，而且在他身后还有一大批热情的支持者、追随者和模仿者，这些人对他的推崇可以说达到了狂热的程度。

达 · 芬奇还组织了一个真正意义上的团队，团队中有他的合作者、助手以及各个领域的名匠。

欧几里得的理论：《最后的晚餐》及其修复

当时，达·芬奇与皮耶罗·德拉·弗朗西斯和曼特尼亚一样，对欧几里得几何理论的研究几近痴迷，达·芬奇将其所学的全部几何和机械知识都运用到他的绘画作品当中：透视法、（按照透视法）缩小画法、视差法、人物的动作嵌套在圆形和三角形中。（图 57、图 58）

言归正传，达·芬奇的这

图 57

图 58

图 59　正在涂色的达·芬奇

图 59

图 60

2.5

ALTEZZA

4.6

FFRESCO 8.8

幅壁画位于米兰的感恩圣母堂的食堂中，壁画宽 8.8 米、高 4.6 米，顶部还有一个高约 2.5 米的框架。（图 60）达·芬奇的壁画绘画技术十分出色，在创作《最后的晚餐》时，达·芬奇想尝试使用一种他自创的、但之前从未实践过的画法，即在墙壁干燥的灰泥层上画蛋彩画。

那么这种“干燥”画法和普通的蛋彩画之间有什么区别呢？我曾在布雷拉美术学院学了四年蛋彩画技术，我个人十分喜欢传统画法，它要求绘画者在上色的时候动作迅速，要对各个步

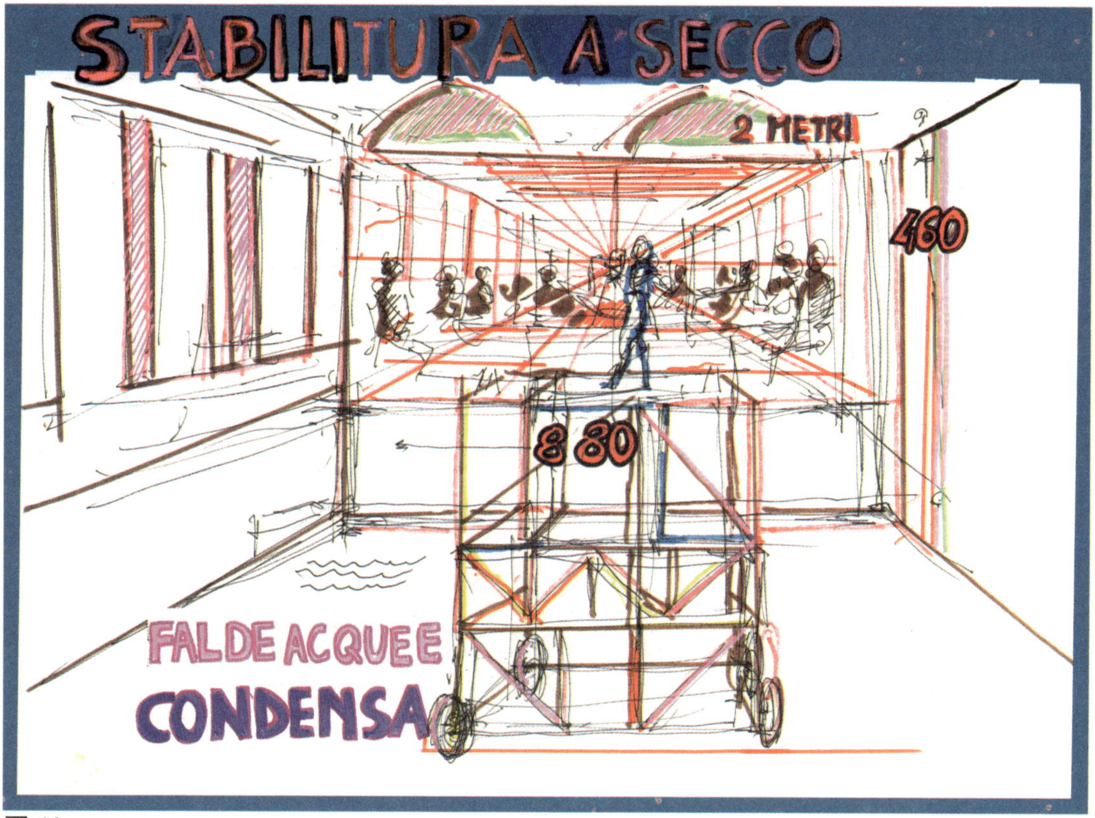

图 61

骤了然于心。绘画时要保持一个合适的姿势，以便迅速用画刷蘸取事先准备好的颜料盒中的颜料，然后为壁画上色。

上色的过程实际上就是和时间赛跑，因为颜料的颜色很快就会被墙壁的灰泥层吸收，整个过程不会超过三个小时。过了这段时间，用专业术语来说，颜色就“烧焦了”，这样就可能毁掉之前画的所有部分。在上色之前，墙壁上要涂上几层薄薄的灰泥层。在最后一层灰泥层还未干时就要开始上色，这样颜色和灰泥层就会融为一体，整个过程需要绘画者尽可能以最快的速度完成。达·芬奇不想受限于时间，他决定尝试新的技术，让壁画暴露在空气中，并在上面反复修改，让自己沉浸在创作中。因此，达·芬奇必须要用一种不同于以往的壁画绘制技术，也就是我们之前说的“干燥”画法。（图 61）

可惜的是，达·芬奇作画的那堵墙壁在教堂的食堂之中，而食堂墙壁的地基离含水层很近，因此这些墙壁吸收了很多水分，再加上大厅中的温度较高，因此产生的水汽对地板、天花板以及墙壁都带来了损害。没过几年的时间，这幅巨幅蛋彩画就开始剥落。在画作干燥的灰泥层上出现了所谓的“白花”，颜料像裂开的漆片一样开始脱落。

《艺苑名人传》的作者乔尔乔·瓦萨里看到《最后的晚餐》是在达·芬奇画完后的第十年。看到画作的现状后，瓦萨里感到十分难过，他说：“这是毁灭性的损坏。”

图 62

随着岁月流逝，《最后的晚餐》也在走向毁灭。在诺瓦拉，法国人击溃了反抗的卢多维科・斯福尔扎，并占领了米兰城。士兵和雇佣兵在米兰公爵城堡内肆意抢掠，他们撞倒了弗朗切斯科・斯福尔扎骑马雕塑像，并将其当作射击用的靶子，用滑膛枪向雕像射击了数百次，直至将其完全毁坏。（图 62）

米兰公爵宫廷内的所有成员都被抓了起来，关进了法国的监狱之中。达・芬奇和他的朋友们，带着他在过去二十年创作的的一些文章、手抄本和画作从米兰逃回了佛罗伦萨。佛罗伦

图 63

萨在数月之前宣布成立共和国。达·芬奇在佛罗伦萨遇到了尼可罗·马基亚维利（新政府的执政委员会秘书），两人互相交流了一些想法，谈论了他们的计划。马基亚维利事实上成了达·芬奇在政治和民主价值领域的老师，这确实是一次历史性的会面。（图 63）

几年后，达·芬奇重返伦巴第大区的首府米兰为法国人工作。据说回到米兰一个多月的达·芬奇还是没有勇气去看看《最后的晚餐》这幅画，因为当时已经看不出画的内容了。（图 64）

图 64

达·芬奇的学生、追随者以及全欧洲的粉丝们都想仿制当时已经十分著名的《最后的晚餐》；荷兰画家、法国画家、德国画家以及很多的意大利画家都进行过类似的尝试。（图66—69）有人甚至曾在挂毯上仿制过这幅画，但是我们可以说，任何一件仿制品都达不到原作的那种氛围和魅力。

对《最后的晚餐》的修复共有几十次，前后历经数个世纪。有些修复是由称职的专家完成的，而有些修复则是由自诩为大师的无能之辈完成的。就像无情的火山喷发一样，壁画几乎每十年就要进行一次无用的修复。

图 65　比宁·布兰比拉修复之后的
《最后的晚餐》的局部

图 65

图 66

图 67

图 66—69 《最后的晚餐》，学生们的仿制品

图 68

图 69

图 70

图 71

如今，多亏天才修复家比宁·布兰比拉所带领的团队的聪明才智和辛勤工作，我们才有机会想象 1498 年刚刚完成的《最后的晚餐》是什么样子的。（图 70、图 71）他们此次的修复工作有一个十分突出的亮点：对于不存在的东西不会去自行创造。不仅如此，在清理的过程中，他们还去掉了之前修复者凭空加进去的东西。他们奇迹般地让画作中一些本来消失的细节重见天日，比如桌子上放着面包的白锡餐具，比如一个漂亮的、看起来就像悬浮在空气中的玻璃细颈瓶。（图 72、图 73a、图 73b）他们本可以将衣服的纹路和人物的面部上色、重新绘画，

图 72 白锡餐具

图 73a、图 73b 修复后的细颈瓶和人物手部

图 72

图 73a

图 73b

... MEGLIO UNA PICCOLA VERITA' CHE
UNA STRAORDINARIA MENZOGNA

图 74

LE GUIDE
DIALOGO DEI SANTI
PARTICOLARI

图 75

这样当然能创造出更好的效果，但是他们并没有这么做，因为这么做是一种欺骗。正如达·芬奇所说："即使是一丁点的真相也好过一堆谎话。"（图 74）

从二战结束至今，我参观过《最后的晚餐》达数十次，都是在最后一次修复之前。我曾听过陪同学生团和游客团的导游们的讲解，这些讲解人来自不同地方：有些是有文化的导览者，另一些则只是熟练工，给些例行公事的讲解。（图 75）

图 76

图 77

不过令我感到奇怪的是，每一个人，虽然说着不同的语言，他们的关注点都在画作的细节上，比如说使徒们的面部、他们的态度、他们手部的动作、他们身体的姿势等。他们几乎是以自己之口为画中人创作了一段段戏剧性的、荒诞的对话。其实，有一点很容易发现，就是达·芬奇在创作作品的时候，他的首要目的是将作品的全景收入视线当中，从而给观众（这里我专门用到一个戏剧的术语）创造一种视觉条件，这种视觉条件能够使人产生心悬一线的感觉，而这种感觉则来自物理意义上的悬浮。（图 77）我这段话听起来就像一段糟糕的废话，但是接下来我会用更简单、直接的话来给你们解释。

悬浮的技巧

乔尔乔·瓦萨里曾记载，达·芬奇让人建造了一座可移动的脚手架，以便靠近或远离他要作画的墙壁。这个配有机械升降机的脚手架可以让绘画者上下移动到壁画的各个高度，尤其是耶稣和各位使徒面部的条状区域。耶稣的右眼正好是整个透视的消失点，也就是说，每一条透视线都在这一点消失。

这个焦点，包括基线，大概离地 4 米高。（图 78）

图 78

图 79

欣赏此画的最佳高度应该是离地 3 米左右的位置。

达·芬奇刻意利用这一点制造出一种近乎“魔术”的效果。

正是由于消失点离地面有一定的高度，当参观者进入展厅，从墙壁底部向上看的时候，达·芬奇使用的透视法会使参观者产生一种悬空的错觉，就是说参观者会感觉自己悬浮到了画面焦点的高度，这种错觉会给参观者带来很大的震撼。（图 79、图 80）

另外，达·芬奇还巧妙地将这幅画所在的食堂墙壁和天花板与画中的墙壁和天花板相接合。

图 80

在这里，如果你对透视法的基本规则稍有了解，就会发现画中左右两侧的墙壁延伸得很不自然。（图 81）

通过观察画面背景中开着门窗的这堵墙（画中的光线由此射进来），我们就能清楚地发现这种刻意为之的手法。开着门窗的这堵墙壁的尺寸完全不能与画的外框尺寸契合。如果你仔细观察的话，很容易就会发现天花板的尺寸也被缩小了，而地板和天花板相比就要在尺寸上大很多。这种方法可以使观看者有一种置身于画中的感觉。画面中的桌子就显得很靠前，慢慢地观看者就会感觉自己和桌子位于同一高度，仿佛和画中人坐在了一起。

图 81

这一切既不是绘画错误造成的，也不是达·芬奇随意为之：达·芬奇就是这样一个透视法大师，他能够使用各种各样的技巧使现场的参观者不得不深吸一口气，仿佛那种消失在两堵墙之间的压迫感迫使我们张开双臂，更大口地呼吸。

达·芬奇还运用了另外一个天才般的设计。他在画的左侧即食堂的左墙上开了一排窗户，一束束光线从窗户中穿过，整幅画在照射之下仿佛开始发光。画中的人和物都因穿过窗户的自然光而得到了色彩上的增益。（图 82）

图 82

就我看来，现在的展厅管理人员犯了一个错误：他们将展厅左侧的那些窗户都堵上了，这是为了防止太阳光的照射伤害壁画。紫外线和温度变化确实会对壁画造成不可逆的伤害，但是为了避免这种伤害，只需要在玻璃上加上一层薄薄的过滤网或者贴上一层透明的特殊材料，以此来阻挡“有害光线”，只让冷光通过玻璃即可。（图 83）

图 83

画中的主角们：人物的动作和节奏

几乎所有的导游在向游客介绍这幅画时都会对人物进行大量的描述，比如说使徒们三个一组聚在一起，而在正中间，耶稣所处的位置则是一个孤立的、近乎完美的等边三角形，他双手张开，凝神静思，身体几乎支在桌子上。（图 84）耶稣右侧之人我们通常称其为约翰，或称耶稣最喜欢的使徒。

图 84

CABALA DEI NUMERI
LA SEQUENZA DEL NUMERO TRE
GIACOMO
ANDREA
PIETRO
GIOVANNI
1 BARTOLOMEO
GIUDA
TOMMASO
FILIPPO
MATTEO
SIMONE
TADDEO

图 85

仔细观察的话就会产生一个疑问，即画中的约翰是一个年轻的女人，关于这一点曾发生过多次激烈的争论。近二十年来最成功的图书之一是丹·布朗的《达·芬奇密码》，这本书同样也引发了很大的争议。丹·布朗在书中将这位使徒写成了女人，即民间传说的耶稣的妻子玛德琳娜，这一说法在一部伪福音书中亦有记载。

几年前在米兰王宫举行了一次名为“天才和热情”的大型展览，展出了几十幅《最后的晚餐》仿品，作者都是达·芬奇的学生和向达·芬奇致敬的模仿者。此外，展览的第一部分还展出了达·芬奇那个时代之前的艺术家们所创作的桌子、微缩模型以及残留的壁画。在大部分《最后的晚餐》的仿品中，我们都可以看到耶稣旁边总是有一个女人，当然这就是耶稣的妻子玛德琳娜。

在餐桌的左右两边有两名使徒，从我们的角度看，左侧的使徒是巴多罗买，为了能够更好地面向耶稣，他站了起来。右侧的使徒是达太,他正在与西门和马太兴致勃勃地讨论着什么，而马太的双臂则指向耶稣。马太的旁边是腓力，他站在那里指着自己。旁边双臂张开、惊慌失措的是大雅各。多马站在大雅各的身后，右手食指向上指着。我们再来看巴多罗买这侧的使徒，靠得很近的两位使徒是小雅各和安德烈，他们张开的手掌面向参观者。（图 85）

在这侧靠近耶稣的三名使徒中，彼得把身体倾向了约翰的

图 86

耳朵，犹大的右手肘靠在桌子上，好像被彼得压扁了一样，他在耶稣说出“你们当中有一个人将要出卖我”的前一刻感到心烦意乱。犹大被置于背光的位置，几乎是在黑暗中。

一些评论家认为，达·芬奇将三个使徒分为一组是为了凸显数字的象征含义，即三位一体。我就不给大家详细介绍这些理论了，我更想让大家观察的是，达·芬奇是如何从画面左侧（观看者视角）开始，制造出一种近乎波浪式的运动效果，仿佛画出了很多拉长的、切断的拱形。

波浪形状上下浮动并越过了身处金字塔形状内部、一动不动的耶稣，而在耶稣的右侧，使徒们手上的动作又构成了层层波浪，这些波浪的高度时而超过使徒们的肩膀，时而又低于他

图 87

们的肩膀。（图 86）

站着的腓力的动作是波浪的波峰，而腓力的动作承接自马太，马太旁边是西门，而西门的动作则是承接自达太。为了突出这种近乎音乐节奏的波浪走势，达·芬奇将使徒们身后的背景画成了一排垂直的深色物体：这些其实是挂在两面墙上的挂毯，这一排挂毯将使徒们的动作组成的波浪投射到画面的中间，也就是耶稣所在的位置。（图 87）

接下来我们将目光聚焦到手部的动作上，顺序还是以观看者的视角从左开始，我们可以看到这些手部动作连在一起就像跳舞一般。（图 90）

图 88

图 89

从左开始来看，第一名使徒的双手在敲击桌子的边沿，而第二名使徒抬起右手，手掌面向观看者，这是一个表示暂停的姿势。（图 88、图 89）

还有一只拿着刀的手，这是彼得的手，彼得正朝向耶稣最喜爱的使徒，即约翰，或者说是我们之前提及的玛德琳娜。

犹大在画面最前端，有些孤立，就像波浪中的一块石头，而剩下的其他人的手势如下：一只手向上，第二只手在第一只手前面，第三只手的动作与第二只手的动作相反，而第四只手又在第三只手前面。（图 91）

图 90

图 91

衣褶的运动

之前我们提到过，整幅画有十分严重的褪色现象，特别是人物脸部和衣褶部分褪色尤其严重。布料褶皱的运动几乎看不到了，比如我们只能隐约看到铺在桌子上的桌布。

画中还能看出一些人物的长袍，我们将其与最著名的研究达·芬奇衣服绘画技巧的案例做对比，如此我们便可了解这幅画中衣褶的平面和立体效果。现在我们将各类针对达·芬奇的研究而得出的衣服的图片覆盖到这幅画中的衣服上，我们会发现一种新的运动，这个运动和使徒们手部以及头部的运动是有着必然联系的：这就是使徒们在桌子底下的脚部的运动。

图 92　对使徒衣褶的研究

图 93　终于看到了他们的脚

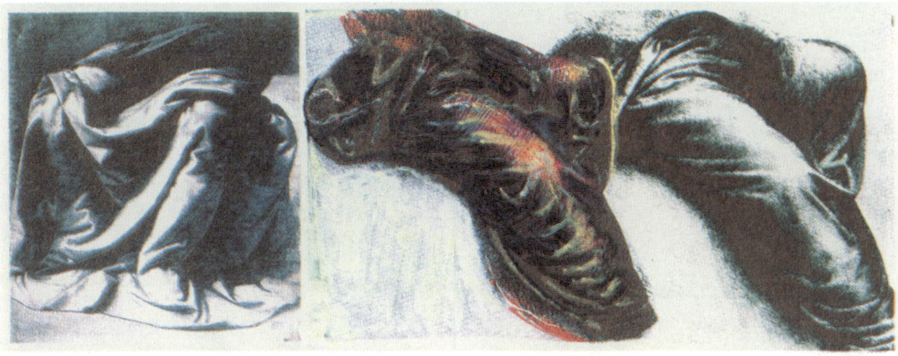

图 92

参考了同一时期的《最后的晚餐》的仿作，我尝试重新画出已经消失了的脚部和衣服的褶皱，我发现这幅画给人的舞蹈的节奏感更强了。画中人体的运动得到了一种特殊的推动力，

图 93

图 94

图 95

这种推动力包括正向和反向两种，由此产生的运动就像一个缓慢的、彩色的空气旋涡，又仿佛是消失在沙滩上的波浪。（图 96）沙滩就是那条长桌的表面，上面的玻璃瓶、雕花的盘子、水果和酒杯仿佛就是海岸上的贝壳和奇形怪状的软体动物。（图 97）因此，比宁·布兰比拉和他的团队所做的修复工作简直是个奇迹，他们精细的修复使此画重现光彩，这种色彩我们之前只能在庞贝古城和赫库兰尼姆古城的壁画中看到。

除了杯子和瓶子以外，桌子上还有一套锡制餐具，餐具可以映出其中一位用餐者橙色的衣服。桌子上铺着带有翁布里亚地区特色刺绣的桌布，在桌子上还能看到其他盘中的水果和伦巴第特色的小圆面包。达·芬奇在绘画时将桌子的倾斜角度加大是为了让观看者能欣赏桌上那些穿过整个场景的自然静物。

图 96

图 97

图 98

图 99

图 100

图 98、图 99　对桌边的使徒的研究

图 100　桌子

图 101　钴蓝色

在画桌子的时候，达·芬奇也使用了一个技巧：除了加大倾斜角度外，他还将由三条桌腿支撑的桌子往前推了一些，桌腿下面的地板十分陡峭，几乎达到垂直的程度。这么做都是为了强化观看者那种悬浮的感觉，仿佛身处画中，这一点我们之前提到过。不过有一点很明确：达·芬奇的意图并不只是描绘参加最后的晚餐的人，也不仅仅是描绘他们的对话、惊讶的姿势、悲伤或愤恨的表现。

图 101

我还要再强调一遍，达·芬奇将我们的注意力吸引到画的整体性上，迫使我们不得不将视野扩大，从而能够看到整个画面的空间和全部动作。简而言之，《最后的晚餐》不像音乐家和歌唱家在舞台上的表演，每个人会有不同的曲调，有自己的独奏或独唱，相反，这幅画好比一场音乐会，音乐会上有按照曲调丰富的乐谱歌唱的合唱团，演唱技巧多样，但是每一个声音都是融入整体之中的。唯一一个不按照“谱子”来的便是画中的耶稣，他安静地坐在中间的位置，仿佛在全神贯注地听着来自另一个世界的声音。

达·芬奇和马基雅维利（1500）

现在有很多专家学者在研究达·芬奇的哲学、政治和道德思想，许多人认为达·芬奇是一名不可知论者，是犬儒主义的信奉者，甚至有人认为他是一个纯粹的无神论者。

但是如果说达·芬奇一点宗教信仰都没有，他又怎能在《最后的晚餐》中表现出如此丰富的宗教情感，刻画出如此神秘的氛围？

那些学者会对我们说："注意了！没有信仰，不相信教义并不意味着没有宗教意识！"

你只要读一读达 · 芬奇的那些手稿就会发现，每次看到对事物创造之神秘性的研究，达 · 芬奇就十分激动。而发现了人体非凡的运行机制之后，达 · 芬奇的赞颂可以说达到了神秘主义的层面："在自然界中，除了人以外就不存在如此完美的东西了。人体包含了宇宙中的所有元素，人体中含有土、水、气以及组成石头的物质。与动物不同的是，人的大脑是由灵魂和理智所掌控的。"（图 103）

图 102

图 103

有些学者认为达·芬奇很冷漠，在面对当时的巨大悲剧事件时无动于衷，如掠夺性战争、令人发指的屠杀、各种暴力和不公，而受害者往往是农民和身份低微的人。

我们认为以上对达·芬奇的评价都不免有些简单化，我在这里多说几句，予以澄清。

首先，大家不要忘了达·芬奇和马基雅维利（图 104）之间有着深厚的友情并且相互敬重。他们一起经历了佛罗伦萨共和国的复国，并且都被任命为类似大使一样的职务，被派往威尼斯共和国和其他的北方城市，以及马尔凯地区和罗马涅地区的城市。达·芬奇一定了解并认同时任佛罗伦萨共和国执政委员会秘书的马基雅维利在多个场合所强调的民主观点。

马基雅维利曾在《君主论》中谈论自由和理性，这篇文章与其说是针对君主的，不如说是针对臣民的。“君主，你要记住，如果你征服了一座城市、一个地区，你需要马上对当地的人民进行调查，了解他们之前是如何被统治的。如果你发现这些人民没有任何形式的参政习惯，那么他们就不知道他们拥有参政的自然权利，那么你就让这些人民保持原来的状态。不要给你的这些新臣民任何他们之前没有享受过的特权。如果你赠予他们礼物，他们也不会理解你为何如此慷慨，反而会陷入深深的怀疑之中。但是如果在征服了一座城市之后，你发现当地人民一直习惯于自治，有着自己颁布的法律，政府

图 104

图 105

的权力和管理者都是通过民主程序产生的，那么你就别想让这些人民接受你的统治。你要远离这些人民，否则他们会给你带来巨大的伤害。如果你不从理性出发，不听取任何意见，执意要将此城市纳入治下，那么唯一的解决方案就是杀光城市围墙内的每一个男男女女……还要杀光他们的孩子，即使面前是婴儿也不能犹豫；还要杀掉母亲腹中未出生的孩子，因为从胎儿获得生命开始，关于自由的意识就已烙印在他小小的脑中，出生之后他就会产生自由的意愿，从那时开始，他就会不懈地投身于反对你的暴动之中，无论如何都要重获自由。”（图105、图106）

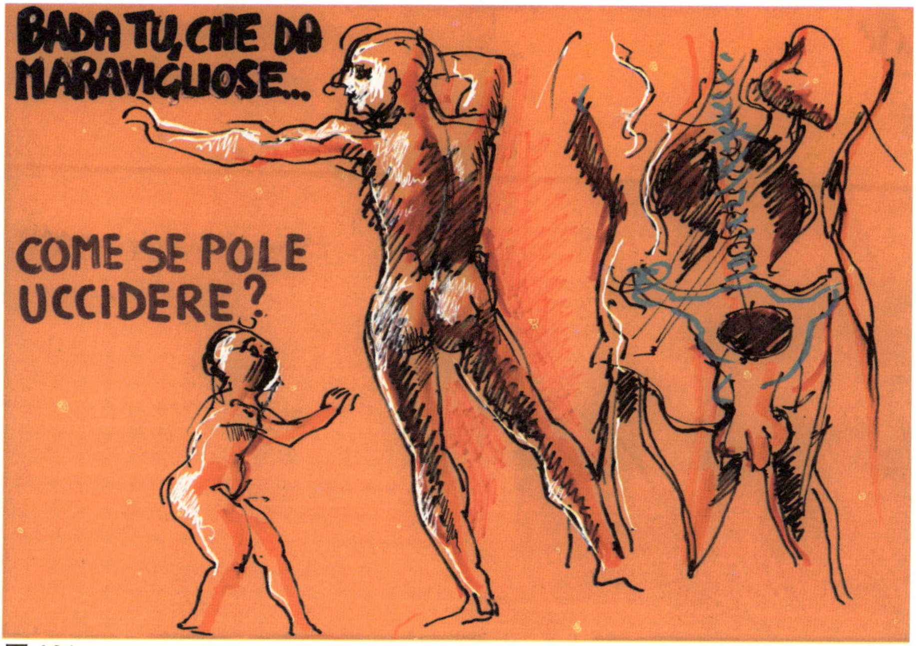

图 106

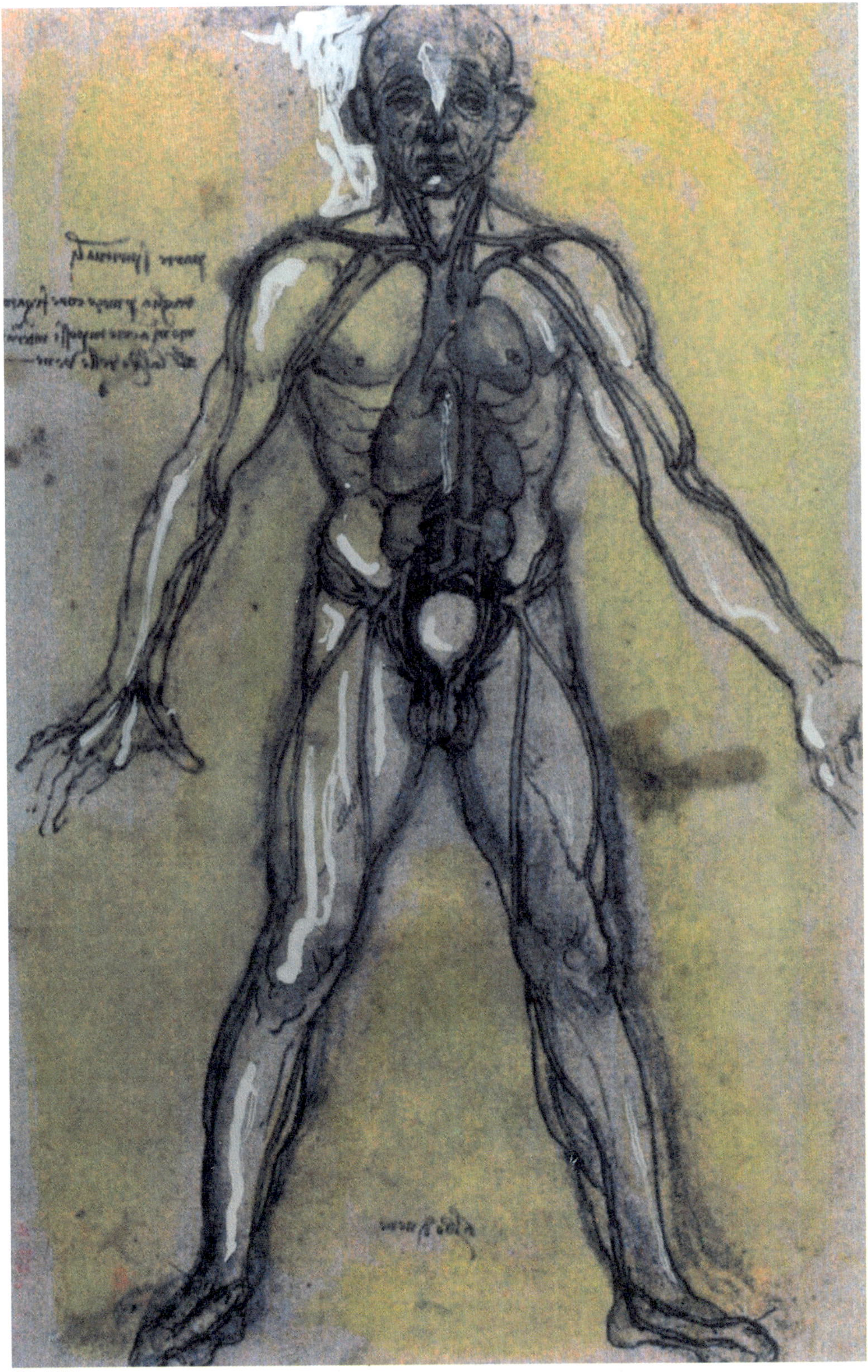

图 107

图 107　温莎，英国皇家藏品，达·芬奇
《人体解剖图，突出了心脏、肺部和主动脉》，28 厘米 ×19.8 厘米

对解剖学的研究

在达·芬奇的马德里手稿中有一篇关于他对人体的思考的文章，在这篇文章的开篇，达·芬奇对他想象中的对话者说："你知道人体的组成结构有多奇妙吗？任何天才工程师或机械师都无法想象出来这样的结构。如果你对人体进行研究，时刻地观察人体，你就会惊诧于人体中竟有如此多奇妙的器官在保持身体的活力。这些器官制造出了血液，流过全部血管，包

图 108

图 109 一名军官的画像

括那些最细小的血管。肋骨的运动会使肺部膨胀，类似于鼓风机，吸进空气再排出去。现在我问你，你站在这样的身体前，你怎么忍心去毁灭他，去杀掉他，去毁灭这样一部机器，一个自然界中令人震惊的生物？难道你不认为这种毁灭很可怕、很残忍吗？如果你认为在人体中不仅仅有运动和生命，还有灵魂、理智以及伟大的智慧，那么如果你心中还有夺走他人生命的想法，还有让这种生物死亡的想法，那么你一定会对这种想法感到恐惧！”（图 108）

武器和权力

一个对人体复杂且神秘的结构表现出如此痴迷和惊叹的人，一定是一个有着深刻宗教感情的人。既然达·芬奇将人类的生存权视为不可剥夺的权利，那么我们马上就会产生的疑问是，为什么他要去构思、设计、制造那些用于屠杀和毁灭的武器呢？

我们在《大西洋古抄本》中可以看到多种武器的设计图，如多发臼炮的变体、远射程炮、拥有旋转轴的机枪（每轮能发射九发枪弹），甚至还有子母弹，这种炮弹一旦发射出去便会放出大量小炮弹，落地或撞击人体后便会爆炸，造成巨大伤亡。最近意大利基奥贾渔民在亚得里亚海捕鱼时网到的东西便是这种武器！这些炸弹并不是北约空军在轰炸南斯拉夫后返航时投

图 109

下来的，而是达·芬奇发射出去的！（图 110）

达·芬奇看着自己创造出来的武器，不止一次地陷入良心的危机之中。他十分困惑，不知道自己让这些武器“为人所知并为人所用”是否是一件正确的事情。（图 111）

达·芬奇还曾萌生过设计一艘潜水艇的想法：“一种潜入水下移动的船只，在水下撞击其他船只的船底，可以轻而易举地撕开帆桨战船或双桅战船的船底板，从而使其沉没。”达·芬

图 110

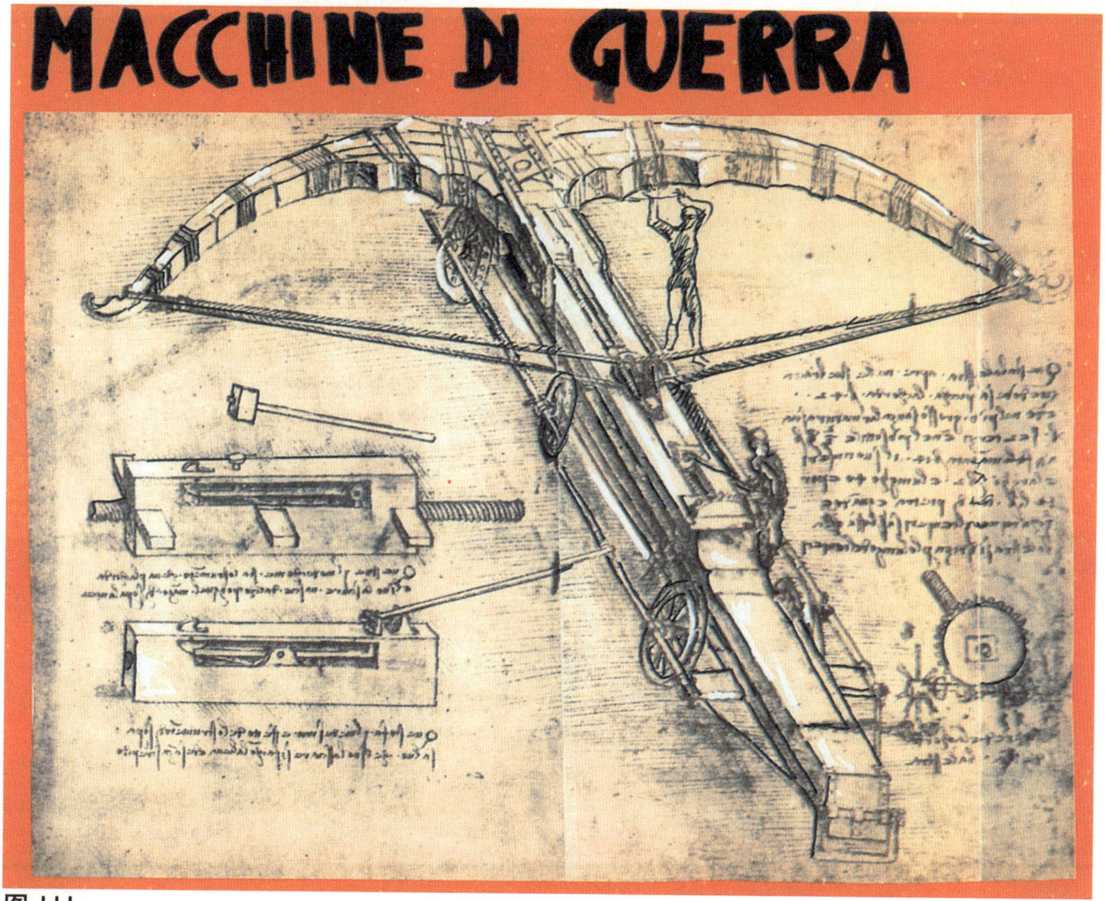

图 111

奇知道这种武器的可怕之处，便决定不将此设计公之于众，他写道："……任何吨位的船只都可能被这种武器撞沉，这样会造成很多人溺水身亡。"（图 112、图 113）

因此达·芬奇将他的潜艇设计图放在了一个秘密的地方，但是我们的这位天才机械师却在铸造厂中领导铸造一种大炮，"比普通火炮能力强四分之三"……难道这就是艺术家的那种

图 112

图 113

奇怪的矛盾思想吗?

达·芬奇还曾到过伦巴第和威尼斯的交界处，这里是一个山谷，阿达河从山谷中流过。达·芬奇想将整个山谷的景色都画下来，这便有了著名的《阿达河流域》：这幅画上标注了该地区各个村庄、道路、河流、沟渠之间的距离。（图 114）

几个月之后，正是在这片土地上爆发了欧洲两个最强大的军事力量之间的战争。（图 115）

在阿达河西岸的是法国、西班牙、奥地利、米兰、萨沃亚等国的联军，它们因《康布雷条约》而结盟；而在阿达河东岸的则是强大的威尼斯军队。

鲁赞特是这样描述这场战役的：共有超过 8000 人参战，其中有 4000 名骑兵，还有 600 门火炮，其中攻击力最强的要数法国和伦巴第的火炮。我们可以确定达·芬奇也出现在此次战役中，他很可能就在当初他画这片地区的山头上，为大元帅特里武尔齐奥突破敌军出谋划策。他还设计了易于架设的浮桥，以便步兵和骑兵能够渡河。

达·芬奇出现在此次战役中还有一个目的，那就是为了测试他设计并铸造的火炮的射程和效果。达·芬奇给我们讲述了武器是如何在在第一轮射击时就对法国国王造成了严重的打击。他是这样记载的："国王命令铸造一个大的炮架，炮架上

图 114

图 115

图 116

架有很长的臼炮。当他的工兵看到这门震耳欲聋的火炮时，他们大喊：‘我们可以将这门大炮命名为王之阳具！’

在此次战役中，法国国王决定自己发射这门大炮的第一发炮弹。拿着长长的点火棒，法国国王在炮管尾部点火，炮弹发射时产生了巨大的后坐力，炮身直接撞到了国王的“龙根”上。国王倒在地上大喊：“啊，炮管把我的蛋撞碎了！”然后就昏了过去。因此他就无缘观看这场战役，也不能享受战斗的胜利了。（图 116）

打开一扇门

我们跑题跑得有点远了，接下来继续谈《最后的晚餐》这幅画。我们之前说过最后一次修复工作做得十分精细，花了很多的时间、精力和金钱，但这是完全值得的！这并不是奉承，很多艺术评论家和绘画技术专家都对修复者赞赏有加。

就个人而言，我唯一想对管理方抱怨的就是在《最后的晚餐》的下方有一扇早已被封上的拱门，这个门正好开在这幅画的中间，切掉了耶稣的部分衣褶和他在桌下的双脚。我曾问过管理方，为什么不把那个无用的拱门除掉，这个拱门严重地破坏了画中桌子的线条，破坏了空间的节奏感，这个位置非常重要，它是这幅作品在前景上最关键的位置。（图 117、图 118）

图 117

图 118

管理方很客气地回复了我，说墙上的这块石头是 1600 年感恩圣母堂的主任司铎委托一名建筑师建造的。虽然管理方也觉得这个拱门对《最后的晚餐》造成了野蛮的破坏，但是为了尊重传统，还是将此处保持原样，因为过了四个世纪，这个拱门也成了一处历史古迹。

不好意思，在我看来这种说法在逻辑上不能自洽，就如小丑滑稽戏的鬼脸一样无意义。如果说弗朗索瓦一世在公元 15 世纪朝这幅画发射了十几发炮弹（这是他们的习俗，也是他们

图 119

图 120

的消遣方式），毁坏了画中全部圣人的头部，难道我们也不能把炮弹取出来吗？五个世纪后这些炮弹也成了不可触碰的文物？谁敢碰历史的炮弹谁就要遭殃！（图 119、图 120）

不管怎么说，即使是在今天，我们也只能够想象，在这幅杰作刚刚完成的时候，那些站在这幅画前的参观者那种无法形容的激动。那时候这幅画无论在颜色、光影还是明暗上还都十分完整，我们应该感谢使这幅画保持清晰、内容不变的那些人。（图 121）在我们为这幅作品重新对公众开放感到高兴的时候，

图 121

图 122　耶稣画像模板

图 123　耶稣

图 122

图 123

我们不要忘了《最后的晚餐》是达·芬奇在米兰城完成的大量作品中的一幅巅峰之作。

我们之前提到过，达·芬奇虽然最初在米兰经历了一些挫折，不过这座城市还是给年轻的达·芬奇提供了动力、信任、帮助以及各种合作机会。由于卢多维科·斯福尔扎的邀请和保护，达·芬奇来到米兰，与几十名天赋极高的建筑师、雕塑家、画家、演员、作家、科学家和机械师共事。他像飓风一般降临这座城市，改变了一切。在整整二十年的时间里，整个伦巴第地区的每一种表现手法、每一幅作品都有达·芬奇的灵感、品味和特点：年轻的艺术家都在用“达·芬奇的方式”绘画。

正如之前所述，1482 年，达·芬奇在洛伦佐·德·美第奇的要求下，给米兰大公写了一封信，表示自己愿意为他效劳。在这封信中，达·芬奇并未多谈自己的绘画天赋，而是对自己设计机器、闸门，修筑防御工事和制造战争武器的能力大加介绍。

在那个年代，米兰的工业有了很大的发展。来自伦巴第各地的工人很容易就能在米兰城找到工作。因此，米兰的城市范围也扩展到了老城墙之外。卢多维科·斯福尔扎引进了丝绸制造技术，在米兰周边的农村大量养蚕种桑，发展纺织业。

卢多维科·斯福尔扎给达·芬奇分配了任务：要他将信中所说的那些能力展现出来。达·芬奇刚到米兰的时候，发现这座城市杂乱无章，但同时又充满活力。

达·芬奇还曾接到过其他城市委托的工作，比如建筑重建、河流治理、水道修筑等。达·芬奇研究了佛罗伦萨城的重建、切塞纳城河道的分布、伊莫拉城的下水道管网和污水处理，最后这个案例的图纸保存了下来。

但是达·芬奇提出的最重要的重建项目是改造整个米兰城的人工水道，当初的设计草图现在仍有留存。此外，达·芬奇还有一项革命性的研究，即怎样布置城市道路网。他的设想是首先恢复使用几个世纪来未保养和修复的下水道。达·芬奇找到了古罗马时期的古老的下水道设施，并打算在这条管道线路上重建城市的排水系统。但是米兰大公卢多维科·斯福尔扎意识到整个工程十分复杂，耗资巨大，便决定放弃。

达·芬奇在布拉曼特和其他伟大的工程师的支持下，坚持要完成此项工程，并坚称："如果您决定不推进此项工程，那么每年下大暴雨时您都会看到下水道爆裂，您也会欣赏到米兰城漂浮在一大片充满粪便的污水之中。到时候您唯一的安慰就是那些老鼠了，多亏了您的恩赐，它们能够在这充满腐烂物的温泉中自由自在地玩耍。"

图 124

米兰大公也不是什么都没做：他更愿意把钱花在建设一支强大的军队上。斯福尔扎的首席大臣西莫内塔曾提醒他，沉溺于武器必然会带来灾难，而卢多维科·斯福尔扎挑衅地问道：“你们认为米兰城最著名的河是哪条？难道不是武器之河吗？我们是世界上唯一一个可以制造全部武器的城市，包括盔甲、头盔、大炮、剑、矛和臼炮，可以为在阿金库尔战役中被完全摧毁的法国军队配备武器，而时间只需要三个月，还能大赚一笔！”（图 125）

所以米兰大公还是什么都没做！而可怜的首席大臣垂头

图 125

丧气地离开了。就在那一年，米兰城的下水道和下水道中的居民——老鼠，获得了胜利。米兰城爆发了瘟疫，公爵和他的家人不得不在城堡中躲了一年多。他唯一关注的公共设施可能就是防疫站了。瘟疫造成了巨大的人口和金钱的损失，而这正是米兰大公走向终结的信号。

它是移动的

多年前吉奥吉欧·艾伯塔基在萨比奥内塔的 16 世纪剧院

图 126

中主演的戏剧，是意大利早期的电视戏剧之一，谈到这部作品我们就不能不提其中对达·芬奇在米兰排演的戏剧的介绍。我们可以看到在大屏幕上播放的一段短片，短片重现了达·芬奇指导的一些戏剧，并特意展示了达·芬奇发明的用于移动大型球体的舞台机械。这些大型球体代表的是天空中的星球，饰演天神的杂技女演员骑在这些球体上。仔细观察的话，我们会看到我们的地球并不是位于舞台的正中，而是围绕着太阳旋转，而太阳正好位于舞台正中自转。(图 127、图 128)很明显，达·芬奇是文艺复兴开端时期明确宣布支持日心说的科学家之一，这需要很大的勇气。

16 世纪初，日心说再次在知识界复兴，几个世纪后终于再次受到强烈的关注，众所周知，此前中世纪教会的蒙昧使此种学说沉寂了几个世纪。在意大利北部的几所大学中已经爆发了对古希腊大科学家们所著文章的兴趣，这些希腊科学家正是地中海地区最早讨论日心说的人。日心说着实使教会陷入危机，因为教会一直坚持托勒密天体学说中铁一般的教条。在博洛尼亚大学和费拉拉大学中酝酿的趋势被保守派视为异端，他们极力呼吁宗教裁判所的介入。不巧的是，16 世纪初，哥白尼曾在这两所大学外的加帕多瓦大学求学。哥白尼师从多梅尼科·马利亚·诺瓦拉，而后者曾将阿里斯塔克斯和喜帕恰斯的著作和推论从希腊语翻译过来。这两位希腊科学家使用几何学和数学来分析天文现象，他们利用星体的投影，特别是太阳对地球和月亮的投影，计算出了地日距离、月日距离和地月距离。这些计算结果都是在公元前 3 世纪得出的。

图 127

图 128

在阿里斯塔克斯的时代有一位佚名诗人曾说："新事物和不寻常的事物的腾飞来自巨大翅膀的推动，而这些事物会无差别地影响到每一个人。"

达·芬奇当然不能置身事外。他写了几篇关于行星的文章，并且明确表示："地球一定不在太阳系的正中间，太阳才位于太阳系正中，地球和其他行星围绕太阳转动。"

达·芬奇很清楚自己面对的风险，就像他研究解剖学时因切割尸体而遭到逮捕并被判刑，幸运的是他的保护者卢多维科·斯福尔扎将判决结果驳回。

机械研究和飞行试验

达·芬奇对机械有着很大的兴趣和热情，而在这个领域他也颇受尊敬，被视为大师之最：他给水渠提供新动力，设计机器、泵、战车、乐器，他还会作曲，能画出世界上最美丽的画像，还能为舞者设计舞蹈和服装。（图 129）

达·芬奇还曾研究、制造过飞行机械：小时候达·芬奇就曾观察鸟，而长大后他仍想追求自由飞翔的梦想。在达·芬奇的很多手稿中，我们能看到不少展开翅膀的鸟的图画，以及飞禽骨架的图画；达 · 芬奇在米兰大公国期间绘制了十几幅机器图纸，这些机器在一定程度上适合飞行。如今我们在全世界多地的博物馆里都能看到这些飞行机械的复制品，其中米兰科技馆展览的飞行机械为等比例大小的复制品。

米兰科技馆的馆长曾跟我说，这个飞行器的模型是基于最新的对达 · 芬奇的研究成果制造出来的，与原来的初稿相比，

图 129

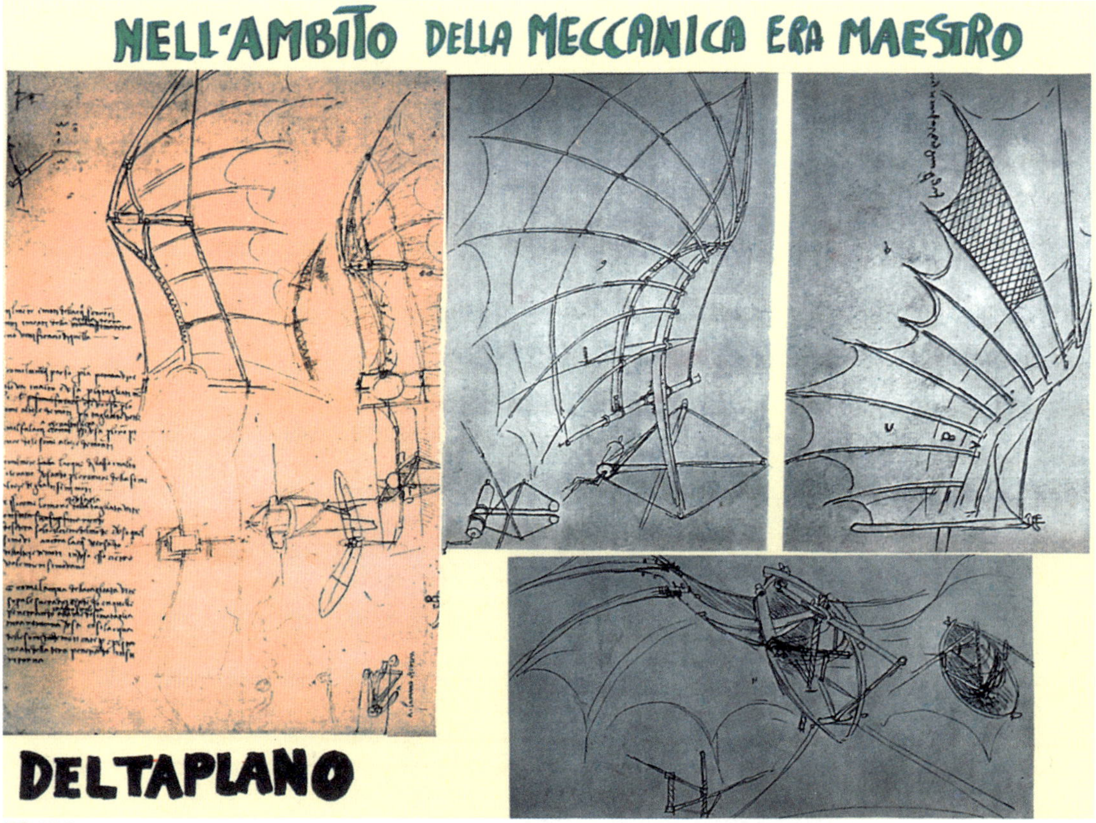

图 130

这个模型吸取现实中的飞行试验的一些经验，进行了一些调整和改变。

事实上，很多人坚信，达·芬奇曾在米兰领导制造了大型的机械翅膀，甚至建造了一个用于测量使一个人飞起来需要多大的升力的机器。（图 130）

前几日，我曾问过一批学者，他们热衷于研究达·芬奇对

图 131　他能飞了

飞行的狂热探索。他们几乎是异口同声地跟我保证，达·芬奇的某个学生在肩上紧紧地系上了吊带，连接着翅膀飞行器，在精心挑选的斜坡上滑行，然后再跑到悬崖边，尝试飞行，就像现在人们使用滑翔机飞行一样。

达·芬奇在设计飞行器时使用的结构理念和现在滑翔机的概念十分相似。关于达·芬奇拥有这种“滑翔机”概念的论证消除了我最后的沉默和怀疑……现在我也相信：达·芬

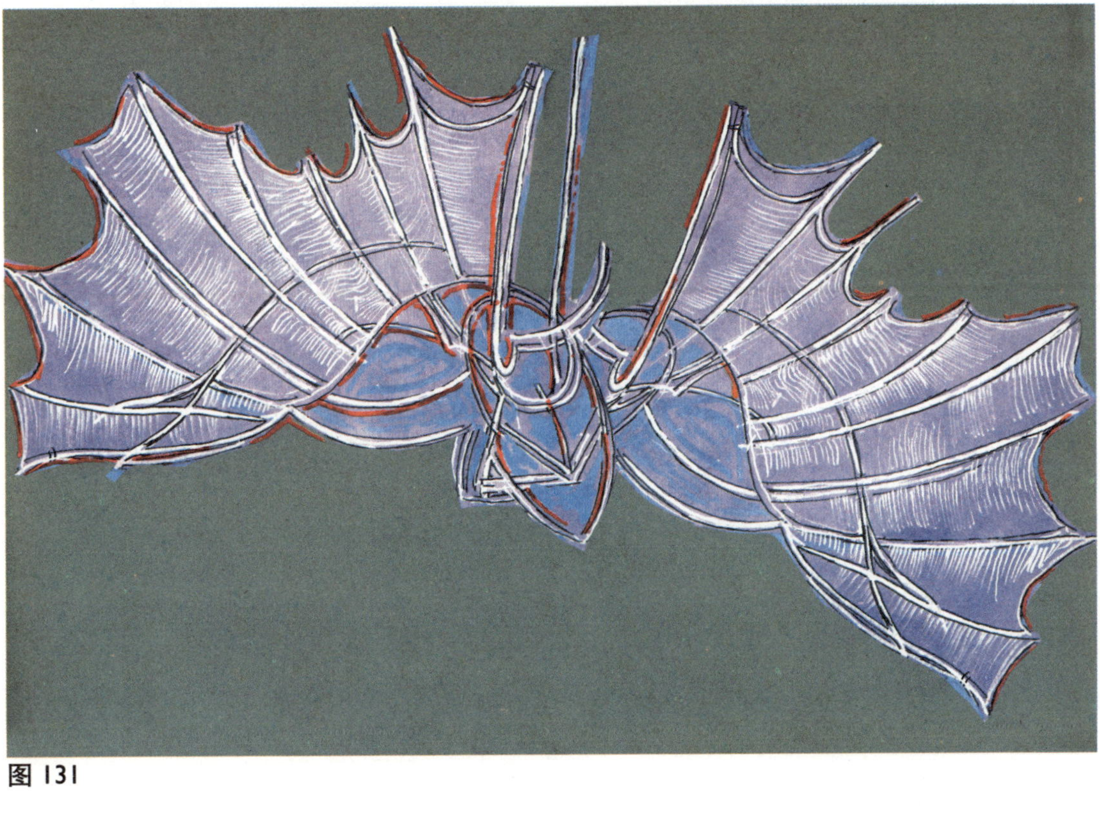

图 131

图 132　伊卡洛斯的梦想

图 133　达·芬奇自画像

图 132

奇曾在米兰或者布里安扎的低丘缓坡上展翅飞翔！达·芬奇曾在米兰飞翔！我真心希望达·芬奇能够飞回到我们现在生活的伦巴第大区的米兰城，这个充满问题、创意贫瘠的城市，这个缺乏勇气和慷慨气概的城市。这个缺乏创造力的城市唯一不缺乏的就是赚钱的创造力了。我们身上系着的吊带使我们只能像养鸡场中笨拙的阉鸡一样跌跌撞撞地低空飞行，而达·芬奇恰恰可以解开我们身上的这层束缚。

图 133

达里奥·福聊绘画大师

达里奥·福（Dario Fo）是20世纪最具影响力的剧作家之一，是诺贝尔文学奖获得者。他是一位全才型的艺术家，集编剧、导演和表演于一身，又擅长歌唱、器乐、舞蹈、服装设计甚至绘画。《达里奥·福聊绘画大师》丛书即体现了达里奥·福对绘画艺术的热爱。本丛书目前共有三册，每一册介绍和解读一位赫赫有名的绘画大师，分别是拉斐尔、达·芬奇、卡拉瓦乔。达里奥·福以讲故事的方式将大师的生平和创作娓娓道来，内容翔实、感情饱满、言语机敏。更有趣的是，对于文字叙述的内容，达里奥·福还用亲手画的插画和大师的伟大画作进行了呈现和补充。本丛书显示出达里奥·福对艺术史严谨而不流俗的观点，让你看到绘画大师不同寻常的一面。